Learn German with Stories: Karneval in Köln – 10 Short Stories for Beginners

© 2014, LearnOutLive.com
All text & illustrations by André Klein,
except cover art: Café Restaurant Rheinberg, 1897 (Public Domain)
and General der Roten Funken in Köln, 1824 (Public Domain)

First published on March 12th, 2014 as Kindle Edition

ISBN-13: 978-1497362437
ISBN-10: 1497362431

learnoutlive.com

Table of Contents

Introduction

In this follow-up to "Ferien in Frankfurt", Dino finds himself in Cologne, the carnival capital of Germany and home of the Cologne Cathedral. Struggling with tacky accommodations and an empty wallet, he stumbles over a gig which promises to be a walk down easy street. But before he knows it, the carnival begins and he's faced with an onslaught of bewildering customs, an inebriated four-legged friend and sudden downpours of candy.

Explore Cologne's colorful carnival tradition, learn about local sights and sounds, and improve your German effortlessly along the way!

~

This book is designed to help beginners make the leap from studying isolated words and phrases to reading (and enjoying) naturally flowing German texts.

Using simplified sentence structures and a very basic vocabulary, this collection of short stories is carefully crafted to allow even novice learners to appreciate and understand the intricacies of coherent German speech.

Each chapter comes with a complete German-English dictionary, with a special emphasis on collocative phrases (high frequency word combinations), short sentences and expressions.

By working with these "building blocks" instead of just single words, learners can accelerate their understanding and active usage of new material and make the learning process more fluid and fun.

How To Read This Book

Before we start, we should acknowledge that there will be many unknown words in the following stories and that there are, in fact, various ways to deal with this very common problem for language learners of all ages and stages.

1. If you want to get the most out these stories, you'll have to establish some kind of *Lesefluss* (reading flow). You might be reading quickly or slowly, it doesn't matter — as long as you keep on reading and allow context and continuity to clear your questions.

2. Furthermore, important or difficult words (and short phrases) are appended to each chapter with an English translation for quick look-ups.

3. If you're reading this book on an e-reader or tablet, you can get instant translations by clicking/tapping on the word. To find out if your device supports this feature and how to enable it, please consult your manual or customer support.

4. As a final option we recommend using a good German-English online dictionary on your computer or mobile device while reading the following stories.

1. Neue Stadt, Neues Glück

~

Ich wohne in einer Villa **mit zehn Zimmern.**
Es gibt einen schönen **Garten.** Der **Kühlschrank** ist
voll. Mein Bett ist **riesig.** Und ich bin **allein. Na ja,**
fast allein.

Ich wohne **zusammen** mit Benno. Er **kommt**
auch aus Sizilien. Benno **kann nicht sprechen,**

aber wir **essen** und **laufen** zusammen. Er hat **sehr viele Haare.** Sie **liegen auf dem Sofa,** auf dem **Fußboden** und in meinem Bett. Aber das ist normal, **denn** Benno ist ein **Bernhardiner.**

Warum lebe ich in einer Villa mit einem großen Hund? Das ist **eine gute Frage. Ich werde versuchen, es zu erklären.**

Vor zwei Wochen bin ich in Köln am **Hauptbahnhof angekommen. Ich wusste nichts über** Köln. Aber ich **mochte** den Namen: *Köln.* Die **Engländer** sagen *Cologne,* in **Italien** sagen wir *Colonia.* Aber ich bin in Deutschland und **ich will** es **richtig aussprechen.**

Die **Aussprache** ist **nicht so leicht.** Das *ö* in Köln **klingt wie** das *ö* in *schön,* **nur kürzer:** *Köln.*

Im Bus habe ich **neben einer alten Dame gesessen.** Sie **erzählte mir von** ihren **Enkelkindern.** Ich erzählte, **dass** ich Deutsch lerne. Die Frau war **sehr nett,** aber **ihr Deutsch** war **komisch.**

„**Möchtest du** ein *Blootwooschbrot?*", **fragte** sie.

„**Wie bitte?**", **sagte** ich.

„*Blootwoosch*", sagte sie und **zeigte auf** eine **Tüte**. „**Brot**."

„Ah, Brot", sagte ich und **nickte**. Sie **gab** mir ein Sandwich **mit Wurst**. Es war **lecker**.

„Was ist *Blot-wosch?*", fragte ich und **kaute**.

Die Frau **schüttelte ihren Kopf**. „*Blootwoosch!* Das ist **Kölsch** für **Blutwurst**."

Ich **schluckte**. „**Blut?**"

„Ja. Willst du **noch eins?**", fragte die Frau.

„**Nein, danke**", sagte ich.

~

neue Stadt, neues Glück: new town, new luck | **Ich wohne in**: I live in | **mit zehn Zimmern**: with ten rooms | **es gibt**: there is | **Garten**: garden | **Kühlschrank**: refrigerator | **voll**: full | **mein Bett**: my bed | **riesig**: giant | **allein**: alone | **Na ja, …**: Well, … | **fast**: almost | **zusammen**: together | **kommt aus**: comes from | **auch**: also | **Sizilien**: Sicily | **kann nicht sprechen**: can't speak | **essen**: eat | **laufen**: walk | **sehr viele**: a great many | **Haare**: hairs | **liegen**: lie | **auf dem Sofa**: on the sofa | **Fußboden**: floor | **das ist normal**: that's normal | **denn**: because | **Bernhardiner**: Saint Bernard (dog) | **warum**: why | **eine gute Frage**: a good question | **Ich werde versuchen …**: I will try … | **es zu erklären**: to explain it | **vor zwei Wochen**: two weeks ago | **Hauptbahnhof**: central station | **wusste nichts über**: didn't know anything about | **mochte**: liked | **Engländer**: Englishmen | **ich will**: I want | **richtig aussprechen**: pronounce correctly | **Aussprache**: pronunciation | **nicht so leicht**: not so easy | **klingt wie**: sounds like | **nur kürzer**: only shorter | **neben einer alten Dame**: next to an old lady | **gesessen**: sat | **erzählte mir von**: told me about | **Enkelkinder**: grandchildren | **dass**: that | **sehr nett**: very nice | **ihr Deutsch**: her German | **komisch**: strange | **Möchtest du … ?**: Would you like … ? | **fragte**: asked | **Wie bitte?**: Pardon me? | **sagte**: said | **zeigte auf**: pointed at | **Tüte**: bag | **Brot**: bread | **nickte**: nodded | **gab**: gave | **mit Wurst**: with sausage | **lecker**: tasty | **kaute**: chewed | **schüttelte ihren Kopf**: shook her head | **Kölsch**: Cologne dialect | **Blutwurst**:

11

blood sausage | **schluckte**: swallowed | **Blut**: blood | **noch eins**: another one | **Nein, danke.**: No, thanks.

 **Übung**

1. Die Villa hat ...

a) zehn Zimmer und einen schönen Garten.

b) neun Zimmer und einen schönen Pool.

c) acht Zimmer und einen Kühlschrank.

2. Wer ist Benno?

a) ein Mann

b) ein Junge

c) ein Hund

3. Wie heißt die Stadt Köln auf Englisch?

a) Colonia

b) Cologne

c) Colonie

4.Wo hat Dino im Bus gesessen?

a) neben einer alten Frau

b) neben einer jungen Frau

c) neben einem alten Mann

5. Was isst Dino?

a) ein Brot mit Leberwurst

b) ein Brot mit Teewurst

c) ein Brot mit Blutwurst

2. Sechs Euro pro Nacht

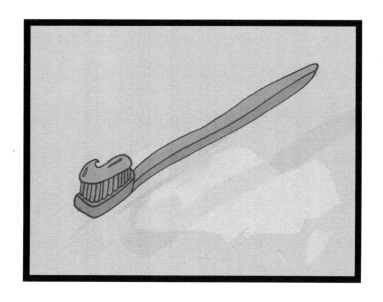

~

Meine erste Nacht in Köln habe ich in einem Hostel **verbracht**. Das Hostel ist nur **wenige Minuten** vom Hauptbahnhof und vom **Dom entfernt**.

Ich habe einen **Platz** im **Schlafsaal gebucht**. Der **Preis** war gut. Nur **sechs Euro pro Nacht**.

„**Du hast Glück**, wir sind fast voll", sagte der

Besitzer und zeigte auf ein Bett **in der Ecke.**

„**Wie viele Leute schlafen hier?**", fragte ich.

„**Mit dir** sind es **zehn**", sagte der Besitzer.

„Zehn?", sagte ich. „Aber **ich sehe niemanden.**"

„Die sind *op Jück*", sagte der Mann. „**Die meisten Leute** kommen nur **zum Schlafen und Essen.**"

„*Jück?*", fragte ich.

Der Mann **lachte** und sagte: „*Op Jück!* Das ist Kölsch. Es **bedeutet ausgehen, von Kneipe zu Kneipe und so.**"

„Ah", sagte ich. Es war **elf Uhr morgens.** Sehr **früh** für Alkohol. Aber ich sagte **nichts.**

Der Hostelbesitzer **gab mir** einen **Schlüssel** und **ließ mich** im Schlafsaal **alleine.** Der **Raum** war **ziemlich** klein. An einer **Wand** war ein großer **Fleck.** Es **roch nach** alten Socken. Ich **öffnete** das Fenster, aber **es machte keinen Unterschied.**

Plötzlich hörte ich ein **Geräusch. Ich drehte mich um. Jemand betrat** den Schlafsaal. Es war ein **junger Mann mit Rastalocken** und einem grünen T-Shirt. Er hatte eine **Zahnbürste** im **Mund.**

„Hi, ich bin Pedro", sagte er und **schüttelte meine Hand**.

„Dino", sagte ich.

„**Wo kommst du her**, Dino?", fragte er und **setzte sich** auf ein Bett.

„Sizilien", sagte ich. „Und du?"

„São Paulo", sagte Pedro. „Bist du **zum ersten Mal** in Köln?"

„Ja", sagte ich. „Ich bin **gerade angekommen**."

„Wunderbar!", sagte Pedro. „Willst du **ein bisschen spazieren gehen**?"

Fünf Minuten später standen wir **draußen vor dem Hostel**. Pedro zeigte auf den **Kölner Dom**. „**Schau!**", sagte er. „Das ist die **dritthöchste Kirche der Welt!**"

„Ja", sagte ich und **schaute nach oben**. „Diese Kirche ist riesig. Aber sie ist ein bisschen **schmutzig, oder?**"

„Schmutzig?", sagte Pedro.

„Ja, die **Steine** sind ein bisschen **schwarz**", sagte ich.

Pedro sagte: „Ah! Ich habe gehört, das ist **wegen den** vielen Autos und den **Abgasen**. Aber **meine Freundin** sagt, **es ist schon besser geworden**."

„Ist deine Freundin aus Köln?", fragte ich.

„Ja, ein richtig *Kölsches Mädsche*", sagte Pedro.

„Bitte was?", fragte ich. „Ist das **schon wieder Dialekt?**"

„Ja", sagte Pedro. „*Mädsche* ist **Mädchen**."

Ich **seufzte** und sagte: „Aber du bist **Brasilianer!** Warum sprichst du diesen komischen Dialekt?"

Pedro lachte. „Das ist **nicht bloß irgendein** Dialekt. Kölsch ist **ein Teil dieser Stadt!**"

~

meine erste Nacht: my first night | **verbracht**: spent | **wenige Minuten**: few minutes | **Dom**: cathedral | **entfernt**: away | **Platz**: space | **Schlafsaal**: dormitory | **gebucht**: booked | **Preis**: price | **sechs Euro**: six euros | **pro Nacht**: per night | **Du hast Glück**: You are lucky | **Besitzer**: owner | **in der Ecke**: in the corner | **Wie viele**: how many | **Leute**: people | **schlafen**: sleep | **hier**: here | **mit dir**: including you | **zehn**: ten | **Ich sehe niemanden.**: I don't see anybody. | **die meisten Leute**: most people | **zum Schlafen und Essen**: for sleeping and eating | **lachte**: laughed | **bedeutet**: means | **ausgehen**: go out | **von Kneipe zu Kneipe**: from pub to pub | **und so**: and all | **elf Uhr morgens**: eleven in the morning | **früh**: early | **nichts**: nothing | **gab mir**: gave me | **Schlüssel**: key | **ließ mich allein**: left me alone | **Raum**: room | **ziemlich**: quite | **Wand**: wall | **Fleck**: stain | **roch nach**: smelled of | **Socken**: socks | **öffnete**: opened | **Fenster**: window | **Es machte keinen Unterschied.**: It didn't make any difference. | **plötzlich**: suddenly | **hörte**: heard | **Geräusch**: sound | **Ich drehte mich um.**: I turned around. | **jemand**: somebody | **betrat**: entered | **ein junger Mann**: a young man | **mit Rastalocken**: with dreadlocks | **Zahnbürste**: toothbrush | **Mund**: mouth | **schüttelte meine Hand**: shook my hand | **Wo kommst du her?**: Where are you from? | **(er) setzte sich**: (he) sat down | **zum ersten Mal**: for the first time | **gerade angekommen**: just arrived | **ein bisschen**: a little bit | **spazieren gehen**: to go for a walk | **fünf Minuten später**: five minutes later | **standen**: stood | **draußen**: outside | **vor dem**

19

Hostel: in front of the hostel | **Kölner Dom**: Cologne Cathedral | **Schau!**: Look! | **dritthöchste Kirche der Welt**: third tallest church in the world | **schaute nach oben**: looked upwards | **schmutzig**: dirty | **... oder?**: ... right? | **Steine**: stones | **schwarz**: black | **gehört**: heard | **wegen**: due to | **Abgase**: exhaust gases | **meine Freundin**: my girlfriend | **Es ist schon besser geworden.**: It's already gotten better. | **schon wieder**: again | **Dialekt**: dialect | **Mädchen**: girl | **seufzte**: sighed | **Brasilianer**: Brazilian | **nicht bloß irgendein**: not just any | **ein Teil dieser Stadt**: a part of this city

 **Übung**

1. Dino hat einen Platz im … gebucht.

a) Schlafsaal

b) Doppelzimmer

c) Einzelzimmer

2. Was kostet eine Nacht im Hostel?

a) acht Euro

b) sieben Euro

c) sechs Euro

3. Was bedeutet „op Jück"?

a) essen

b) arbeiten

c) ausgehen

4. Der Raum war ...

a) ziemlich klein und roch nicht gut.

b) ziemlich groß und roch gut.

c) ziemlich groß und roch nicht gut.

5. Woher kommt Pedro?

a) aus Bosnien

b) aus Bulgarien

c) aus Brasilien

6. Warum ist der Kölner Dom „schmutzig"?

a) wegen den Abgasen

b) wegen den Graffitis

c) wegen den Touristen

7. Pedros ...

a) Freundin ist aus Köln.

b) Vater kommt aus Köln.

c) Mutter wohnt in Köln.

3. Der letzte Rest

~

Pedro und ich sind in der Kölner **Innenstadt** spazieren **gegangen**. Es gibt dort eine große **Fußgängerzone mit vielen Geschäften**, aber ich habe nichts **gekauft**, denn mein **Portemonnaie** ist fast **leer**. Pedro hatte auch **kaum noch Geld. Also** sind wir zu McDonalds **gegangen** und haben einen kleinen Kaffee **getrunken**.

„**Bald** ist **Karneval**", sagte Pedro und **schlürfte** Kaffee.

„Oh", sagte ich. „**Fliegst du zurück** nach Brasilien?"

Pedro lachte und sagte: „Nein, du **Knallkopf**! **Ich meine** den *Kölner* Karneval!"

„**Ach so**", sagte ich. „Aber Karneval ist Karneval, oder nicht?"

„**Auf keinen Fall!**", sagte Pedro. „Die **Kostüme** und die Kulturen sind sehr **verschieden**. Aber es ist **schwer** zu erklären. **Am besten ist es, du erlebst es selbst**."

„Wann **beginnt** der Kölner Karneval?", fragte ich.

„Am **Donnerstag** ist **Weiberfastnacht**", sagte Pedro.

„**Was?**", fragte ich, **doch** Pedros **Handy klingelte**.

„Hi, **Schatz**", sagte er ins Telefon. „Mmh ... Ja ... Nein ... **Echt jetzt?** ... **Na gut** ... Ich komme ... **Tschüss!**"

„War das deine Freundin?", fragte ich.

Pedro nickte und sagte: „**Ich muss los. Wir treffen uns spätestens** Donnerstag, okay?"

Er gab mir seine **Nummer** und ließ mich mit meinem Kaffee allein. Ich schlürfte **den letzten Rest** aus dem **Pappbecher** und ging nach draußen.

Der **Himmel** war **grau** und ein **eisiger Wind blies** über die Straße. Meine **Jacke** war zu **dünn**. Ich **spazierte** ein bisschen **hin und her**. Aber es war **einfach** zu kalt.

Ich **wollte** nicht zurück ins Hostel gehen. Also **suchte** ich nach einem Internetcafé.

„Eine **Stunde** Surfen, nur €1", **stand auf einem Schild**. Ich schaute in mein Portemonnaie. **Alles, was ich hatte**, war ein **Zehneuroschein**. Ich **brauchte dringend** Geld.

Im Internetcafé **checkte** ich meine Emails. **Vielleicht** hatte mein **Bruder** mir Geld **geschickt**? Aber **da** war nichts **außer** Spam.

Ich **schrieb** meinem Bruder eine kurze Email: „**Lieber** Alfredo, **wie geht es Dir**? Hast Du mir diesen **Monat schon** Geld **geschickt? Liebe Grüße**, Dino."

Als ich fertig war, klickte ich nicht auf „**senden**". Ich **las** die Email einmal, zweimal, dreimal, schüttelte den Kopf und klickte auf „**löschen**".

Ich brauchte Geld, **kein Zweifel**. Aber **ich hatte die Schnauze voll** von **Almosen**. Es war **Zeit, Arbeit** zu finden.

~

Innenstadt: inner-city | **gegangen**: went | **Fußgängerzone**: pedestrian area | **mit vielen Geschäften**: with many shops | **gekauft**: bought | **Portemonnaie**: wallet | **leer**: empty | **kaum noch**: hardly any | **Geld**: money | **also**: therefore | **getrunken**: drunk | **bald**: soon | **Karneval**: carnival | **schlürfte**: sipped | **Fliegst du zurück nach ... ?**: Are you flying back to ... ? | **Knallkopf**: blockhead | **ich meine**: I mean | **Ach so, ...**: Oh, I see, ... | **Auf keinen Fall!**: Absolutely not! | **Kostüme**: costumes | **verschieden**: different | **schwer**: difficult | **Am besten ist es, ...**: The best bet is to ... | **du erlebst es selbst**: you experience it yourself | **beginnt**: begins | **Donnerstag**: Thursday | **Weiberfastnacht**: Women's Carnival Day | **Was?**: What? | **doch**: however | **Handy**: mobile phone | **klingelte**: rang | **Schatz**: sweetheart | **Echt jetzt?**: For real? | **Na gut.**: Well, all right. | **Tschüss!**: Bye! | **Ich muss los.** : I've got to go. | **wir treffen uns**: we meet | **spätestens**: at the latest | **Nummer**: number | **den letzten Rest**: the remainder | **Pappbecher**: cardboard cup | **Himmel**: sky | **grau**: gray | **eisiger Wind**: icy wind | **blies**: blew | **Jacke**: coat | **zu dünn**: too thin | **spazierte**: strolled | **hin und her**: back and forth | **einfach**: simply | **kalt**: cold | **wollte**: wanted | **suchte**: searched | **Stunde**: hour | **... stand auf einem Schild**: ... a sign said | **alles**: everything | **was ich hatte**: that I had | **Zehneuroschein**: ten euro banknote | **brauchte**: needed | **dringend**: urgently | **checkte**: checked | **vielleicht**: perhaps | **Bruder**: brother | **geschickt**: sent | **da**: there | **außer**: except | **schrieb**: wrote | **Lieber ...**: Dear ... | **Wie**

geht es Dir?: How are you? | **diesen Monat**: this month |
schon: already | **Liebe Grüße**: Lots of love | **Als ich fertig
war, ...**: When I was finished, ... | **klickte**: clicked | **senden**:
send | **las**: read | **einmal**: once | **zweimal**: twice | **dreimal**: three
times | **löschen**: delete | **kein Zweifel**: no doubt | **Ich hatte die
Schnauze voll von ...**: I was fed up with ... | **Almosen**: charity |
Es war Zeit ... zu ...: It was time to ... | **Arbeit**: work

 **Übung**

1. Wo sind Pedro und Dino spazieren gegangen?

a) in der Kölner Altstadt

b) in der Kölner Innenstadt

c) in einem Park

2. Warum haben Pedro und Dino nichts gekauft?

a) Sie hatten nicht viel Geld.

b) Sie hatten nicht viel Zeit.

c) Sie hatten keine Lust.

3. Der Karneval in Köln und São Paulo ...

a) ist sehr ähnlich.

b) ist genau gleich.

c) ist sehr verschieden.

4. Was macht Dino im Internetcafé?

a) Er checkt seine Emails.

b) Er surft im Internet.

c) Er schaut einen Film.

5. Dino schreibt eine Email an ...

a) seinen Vater.

b) seine Mutter.

c) seinen Bruder.

6. Warum löscht Dino die Email?

a) Er will keine Almosen mehr.

b) Er hat etwas vergessen.

c) Er hat einen Fehler gemacht.

4. Das Schnarchkonzert

~

Das deutsche Wort „Schlafsaal" kommt von „schlafen". Aber **es scheint**, die Leute **tun** im Schlafsaal alles, außer zu schlafen.

Im Bett neben mir **aß** jemand Chips **aus** einer **knisternd**en Tüte. **Unter mir** hörte jemand Musik **mit Kopfhörern, welche den ganzen Raum** beschallten. **Ein paar Hostelgäste schauten Filme auf ihren Laptops** und schlürften Cola **durch Strohhalme. Andere spielten Karten.** Ich versuchte zu schlafen, aber es war **unmöglich.**

Später **begannen** ein paar Leute zu **schnarchen.** Der **Lärm** war **schrecklich** — ein richtiges **Schnarchkonzert** mit **Pauken, Becken** und **Trompeten.**

Um fünf Uhr morgens war alles **still.** Ich hatte **noch immer kein Auge zugemacht.** Aber jetzt war es **zu spät.** Ich wollte **nur noch eins: raus** aus dem Schlafsaal!

Als ich meine Sachen **zusammenpackte** und zur Tür ging, sagten ein paar Leute: „Psst!" — „**Leise!**" — „Hey, wir schlafen hier!"

Ich setzte mich in die Lobby des Hostels, kaufte einen Kaffee aus einem Automaten und schaute in den **Spiegel.** Meine **Augen** waren rot, und ich hatte eine **Sturmfrisur.**

Ich gab dem Hostelbesitzer meinen Zehneuroschein. Er **gab mir** vier Euro **zurück.** Jetzt hatte ich **nicht einmal genug** Geld für eine **zweite** Nacht.

Ich hätte nicht die Email an meinen Bruder löschen **sollen**! Meine Augen **wanderten** durch die Lobby und **fielen** auf ein **Schwarzes Brett**. Ich **gähnte** und **stand auf.**

„**Putzfrau gesucht**, €4 pro Stunde", stand auf einem **Zettel**. Ich schüttelte den Kopf. „Englisch lernen mit **Muttersprachler**", stand auf einem anderen.

Vielleicht sollte ich auch Englisch **unterrichten**? Aber mein Englisch war nicht so gut, und es gab schon **zu viele** von diesen Zetteln. Die **Konkurrenz** war **enorm**. Es schien, **als ob** alle Amerikaner und Engländer in Köln einen Zettel an das Schwarze Brett gehängt hatten: *„Learn American with a Real New Yorker"* — *„English Teatime with Tommy"*, **und so weiter und so fort**.

In der Mitte des Schwarzen Bretts **hing** ein Flyer für **Integrationskurse** vom **Bundesamt** für Migration und **Flüchtlinge**. **Daneben** verkaufte jemand ein **Motorrad**: „Suzuki, **Baujahr** '92, **so gut wie neu**!"

Darunter entdeckte ich einen kleinen Zettel **mit der Aufschrift**: „Suche **Hundesitter** mit **Italienischkentnisse**n —**großzügiges Honorar**."

~

es scheint: it seems | tun: do | aß: ate | aus: out (of) | knisternd: crackling | unter mir: under me | mit Kopfhörern: with headphones | welche: which | den ganzen Raum: the whole room | beschallten: filled with sound | ein paar: a couple of | Hostelgäste: hostel guests | schauten Filme: watched movies | auf ihren Laptops: on their laptops | durch Strohhalme: through straws | Andere: others | spielten: played | Karten: cards | unmöglich: impossible | begannen: began | schnarchen: snore | Lärm: noise | schrecklich: terrible | Schnarchkonzert : loud snoring (of many people) | Pauken: timpani | Becken: cymbals | Trompeten: trumpets | still: silent | noch immer: still | kein Auge zugemacht: not slept a wink | zu spät: too late | nur noch eins: only one thing | raus: out | zusammenpackte: packed up | Leise!: Quiet! | Spiegel: mirror | Augen: eyes | Sturmfrisur: hair like after a storm | gab mir ... zurück: gave me back ... | nicht einmal: not even | genug: enough | zweite: second | Ich hätte nicht ... sollen: I shouldn't have ... | wanderten: wandered | fielen: fell | Schwarzes Brett: bulletin-board | gähnte: yawned | stand auf: stood up | Putzfrau gesucht: cleaning woman wanted | Zettel: note | Muttersprachler: native speaker | unterrichten: teach | zu viele: too many | als ob: as if | Konkurrenz: competition | enorm: enormous | und so weiter und so fort: and so on and so forth | Integrationskurse: integration course | in der Mitte: in the center | hing: hung | Bundesamt: federal agency | Flüchtlinge: refugees | daneben: next to it | Motorrad:

motorbike | **Baujahr**: build year | **so gut wie neu**: as good as new | **darunter**: under it | **entdeckte**: discovered | **mit der Aufschrift ...**: marked ... | **Hundesitter**: dog-sitter | **Italienischkentnisse**: Italian language skills | **großzügiges Honorar**: generous fee

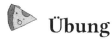 **Übung**

1. Warum kann Dino nicht schlafen?

a) Es ist zu kalt.

b) Es ist zu laut.

c) Es ist zu warm.

2. Die Hostelgäste ...

a) aßen Chips, schauten Filme und hörten Musik.

b) aßen Pizza, schauten Filme und hörten Musik.

c) aßen Chips, schauten Fernsehen und hörten Musik.

3. Wann gibt es ein „Schnarchkonzert"?

a) Wenn viele Leute laut Musik hören.

b) Wenn viele Leute laut schnarchen.

c) Wenn wenige Leute leise schnarchen.

4. Was macht Dino am Schwarzen Brett?

a) Er sucht Arbeit.

b) Er sucht eine Freundin.

c) Er sucht ein Motorrad.

5. Warum will Dino nicht Englisch unterrichten?

a) Sein Englisch ist nicht so gut und niemand will lernen.

b) Sein Englisch ist sehr gut, aber die Konkurrenz ist enorm.

c) Sein Englisch ist nicht so gut und die Konkurrenz ist enorm.

5. Villa Gantenberg

„Ja?", sagte die Frau am Telefon. Ihre Stimme **klang ungeduldig**.

„Hallo", sagte ich. „Mein Name ist Dino. Ich ... äh ... Haben Sie schon einen Hundesitter **gefunden**?"

„Oh", sagte die Frau. Sie klang **überrascht**. „Sie **rufen** wegen dem **Aushang an**?"

„Ja", sagte ich. „Haben Sie schon jemand?"

„Sprechen Sie Italienisch?", fragte die Frau.

„*Naturalmente*", sagte ich. „Ich bin in Sizilien **geboren.**"

„Wann **können** Sie kommen?", fragte die Frau.

„Mmh", sagte ich. „**Ist es Ihnen recht**, wenn ich **jetzt gleich** komme?"

„**Sehr gerne!**", sagte sie und gab mir Namen und Adresse.

Eine halbe Stunde später stand ich vor einer Villa in *Marienburg* – **einer der teuersten Stadtteile in** Köln, **wie ich später erfuhr.** Ich hatte **meine letzten Münzen** für ein Busticket **ausgegeben.** Jetzt war ich **offiziell pleite.**

Ich ging zur **Haustür** und **klingelte.** Eine **korpulent**e Frau **mittleren Alters** öffnete die Tür. Sie **trug** ein **lila Kleid** und einen **rot**en **Schal.**

„*Buona sera!*", sagte sie und schüttelte meine Hand. „Mein Name ist Gudrun von Gantenberg, aber **meine Freunde nennen mich** Giulia. **Kommen Sie doch herein!**"

41

Ich **folgte** der Frau **durch den Flur** ins **Wohnzimmer.** An einer Wand hing ein **Gemälde** der Kathedrale von Syrakus. **Auf dem Wohnzimmertisch lag** eine CD von Vincenzo Bellini, ein **berühmter Komponist** aus Sizilien.

Frau Gantenberg **sah**, dass ich das Gemälde und die CD **bemerkt hatte. „Mein Mann und ich**, wir lieben Sizilien!", sagte sie.

„Oh", sagte ich. „Waren Sie schon einmal **dort?**"

Die Frau lachte. „**Natürlich.** Wir **fliegen jedes Jahr** im Winter für eine Woche nach Sizilien."

„Ich verstehe", sagte ich. „Der Winter dort ist **sehr mild.**"

„Ja", sagte sie. „Aber unseren Hund können wir **leider** nicht **mitnehmen.**"

„Wann fliegen Sie?", fragte ich.

„Heute", sagte die Frau.

„W...was?", fragte ich.

„Ja", sagte die Frau. „Sie haben **genau rechtzeitig** angerufen. Mein Mann wollte den **Flug** schon **stornieren.**"

Bevor ich etwas sagen konnte, rief Frau Gantenberg: „Benno!" und ein riesiger Bernhardiner **erschien** im Wohnzimmer.

„Wir haben ihn in einem **Tierheim** in Palermo gefunden", erklärte die Frau und **kraulte** den Kopf des **Vierbeiners.** „Wir haben ihn **trainiert.** Er **gehorcht** sehr gut, aber nur Italienisch."

„*Seduto!*", sagte die Frau. Der Hund setzte sich.

„*Vieni!*", sagte sie, und der Hund kam zu ihr.

„Verstehen Sie?", fragte Frau Gantenberg. Ich nickte.

„Essen finden Sie in der Küche", sagte sie. „Der Kühlschrank ist voll." Sie zeigte mir ein großes **Gästezimmer** im zweiten **Stock** und sagte: „Sie können hier schlafen."

Dann gab Sie mir einen **Fünfhunderteuro- schein**, einen **Hausschlüssel** und einen Zettel mit ihrer Telefonnummer.

„**Die andere Hälfte** des Honorars bekommen Sie, wenn wir **zurückkommen**", sagte sie.

Bevor ich etwas sagen konnte, **nahm** Frau

Gantenberg ihren **Koffer**, sagte: „*Arrivederci*", und ließ mich allein mit Benno und ihrer Villa.

~

klang: sounded | **ungeduldig**: impatient | **gefunden**: found | **überrascht**: surprised | **Sie rufen wegen ... an?**: You (formal) are calling about ...? | **Aushang**: notice | **geboren**: born | **können**: can | **Ist es Ihnen recht?**: Is it all right with you (formal)? | **jetzt gleich**: right now | **Sehr gerne!**: I'd be delighted! | **einer der teuersten Stadtteile**: one the most expensive districts | **wie ich später erfuhr**: as I learned later | **meine letzten Münzen**: my last coins | **ausgegeben**: spent | **offiziell**: officially | **pleite**: broke | **Haustür**: front door | **klingelte**: rang (the bell) | **korpulent**: corpulent | **mittleren Alters**: of middle age | **trug**: wore | **lila**: purple | **Kleid**: dress | **rot**: red | **Schal**: scarf | **meine Freunde nennen mich ...**: My friends call me ... | **Kommen Sie doch herein!**: Do come in! | **folgte**: followed | **durch den Flur**: through the hall | **Wohnzimmer**: living room | **Gemälde**: painting | **auf dem Wohnzimmertisch**: on the coffee table | **lag**: lay | **berühmter Komponist**: famous composer | **sah**: saw | **bemerkt hatte**: had noticed | **mein Mann und ich**: my husband and I | **dort**: there | **natürlich**: certainly | **fliegen**: fly | **jedes Jahr**: every year | **sehr mild**: very mild | **leider**: unfortunately | **mitnehmen**: take along | **genau rechtzeitig**: exactly on time | **Flug**: flight | **stornieren**: cancel | **Bevor ich etwas sagen konnte, ...**: Before I could say anything, ... | **rief**: called | **erschien**: appeared | **Tierheim**: animal shelter | **kraulte**: tickled | **Vierbeiner**: four-legged friend | **trainiert**: trained | **gehorcht**: obeys | **Gästezimmer**: guest room | **Stock**: floor |

Fünfhunderteuroschein: five hundred euro banknote | **Hausschlüssel**: front door key | **die andere Hälfte**: the other half | **zurückkommen**: to come back | **nahm**: took | **Koffer**: suitcase

Übung

1. Wo befindet sich die Villa?

a) in einem billigen Stadtteil

b) in einem zentralen Stadtteil

c) in einem teuren Stadtteil

2. Frau von Gantenberg trug ...

a) ein lila Kleid und einen roten Schal.

b) ein rotes Kleid und einen lila Schal.

c) ein grünes Kleid und einen gelben Schal.

3. Wie oft fliegen die Gantenbergs nach Sizilien?

a) einmal im Jahr für zwei Wochen

b) zweimal im Jahr für jeweils eine Woche

c) einmal im Jahr für eine Woche

4. Wo haben die Gantenbergs Benno gefunden?

a) in einem Kinderheim in Köln

b) in einem Tierheim in Palermo

c) in einem Altersheim in Syrakus

5. Benno gehorcht ...

a) sehr gut.

b) normal.

c) sehr schlecht.

6. Wie viel Geld bekommt Dino in diesem Moment?

a) fünfhundert Euro

b) tausend Euro

c) zweihundertfünzig Euro

6. Weiberfastnacht

~

Heute ist Weiberfastnacht. Pedro hat gesagt, **ich brauche** eine **Verkleidung**. Aber **was soll ich anziehen?**

Den ganzen Tag habe ich in der Villa **nach Ideen gesucht**. Im **Badezimmer fand** ich das Make-up von Frau Gantenberg. Vielleicht **könnte** ich ein bisschen **Farbe** in mein **Gesicht schmieren**?

Im **Schlafzimmer** entdeckte ich **Perücken** in verschiedenen Farben und Formen. Ich **setzte** eine Perücke mit roten **Locken auf** meinen Kopf. Dann ging ich ins Wohnzimmer und fragte Benno: „**Na**? **Was meinst du**?"

Benno **knurrte**. Ich **nahm** die Perücke vom Kopf. „**Du hast Recht**", sagte ich. „Das sieht schrecklich aus."

Ich setzte mich auf das Sofa und sagte: „Ich glaube, es ist am besten, **wir bleiben zu Hause** und schauen einen guten Film." **Da** hatte ich eine Idee.

Ich **rannte** ins Schlafzimmer und öffnete den **Kleiderschrank**. Herr von Gantenberg hatte **ein Dutzend feiner Anzüge** von italienischen **Designer-Marken**.

Wenig später stand ich mit meiner neuen Verkleidung im Wohnzimmer. „Hey Benno!", sagte ich. „Wie findest du das?"

Benno **wedelte mit dem Schwanz**. Ich schaute in den Spiegel. Der Anzug war ein bisschen zu groß für mich, aber **das machte nichts**. Jetzt brauchte ich nur noch ein bisschen **Haargel** und meine Verkleidung war **komplett**: Ich war **der Pate**.

„Aber was machen wir mit dir?", fragte ich Benno.

„Du brauchst auch eine Verkleidung."

~

ich brauche: I need | **Verkleidung**: costume | **was soll ich anziehen?**: what should I wear? | **den ganzen Tag**: all day long | **nach Ideen gesucht**: looked for ideas | **Badezimmer**: bathroom | **fand**: found | **könnte**: could | **Farbe**: color | **Gesicht**: face | **schmieren**: smear | **Schlafzimmer**: bedroom | **Perücken**: wigs | **setzte ... auf**: put ... on | **Locken**: curls | **Na?**: Well? | **Was meinst du?**: What do you think? | **knurrte**: growled | **nahm**: took | **Du hast Recht**: You're right | **wir bleiben zu Hause**: we stay at home | **da**: then | **rannte**: ran | **Kleiderschrank**: wardrobe | **ein Dutzend feiner Anzüge**: a dozen fine suits | **Designer-Marken**: designer brand | **wedelte mit dem Schwanz**: wagged its tail | **das machte nichts**: it didn't matter | **Haargel**: hair gel | **komplett**: complete | **der Pate**: the godfather

ANDRÉ KLEIN

 # Übung

1. Was sucht Dino?

a) sein Portemonnaie

b) Ideen für ein Kostüm

c) den Bernhardiner

2. Was findet Dino im Badezimmer?

a) Perücken

b) Make-up

c) Haargel

3. Was entdeckt Dino im Schlafzimmer?

a) Haargel

b) Make-up

c) Perücken

4. Wo findet Dino die Anzüge?

a) im Wohnzimmer

b) im Schlafzimmer

c) im Badezimmer

5. Dino verkleidet sich als ...

a) Detektiv.

b) Superheld.

c) Mafiaboss.

7. Doppelkorn

~

Als wir den **Treffpunkt erreichten**, war es **bereits dunkel**. Pedro war **als Pirat verkleidet**, mit einem schwarzem **Hut** und **Augenklappe**.

„*Arr*, Dino", sagte er. „Netter Anzug!"

„Danke", sagte ich. „**Ist nicht meiner.**"

„**Ich hoffe**, das ist eine **billige Krawatte**", sagte

Pedro und **grinste**.

„Warum?", fragte ich, aber Pedro **antwortete nicht**. Er **begrüßte** eine junge Frau in einem **Katzenkostüm**.

„Das ist meine Freundin, Sarah", sagte er.

„Hallo", sagte ich. „Hi", sagte Sarah. Sie grinste, nahm meine Krawatte und **schnitt** sie mit einer **Schere ab**.

„Hey!", rief ich. „**Was soll das?**"

„*Kölle Alaaf!*", sagte Sarah und **küsste mich auf die Wange**.

Ich **starrte** auf den **Stumpf** meiner Krawatte. Pedro und Sarah **lachten**.

„Heute ist Weiberfastnacht", **erklärte** Pedro. „Es ist Tradition, dass die Frauen den Männern die Krawatten **abschneiden**, als **Symbol der Macht**."

„Aber, aber ... das war nicht *meine* Krawatte", sagte ich.

„Sorry", sagte Pedro. „**Ich dachte, du wusstest das**."

Plötzlich **bellte** Benno. Ich hatte ihn in dem

Tumult ganz **vergessen**.

„Ist das dein Hund?", fragte Pedro.

„Ja, äh, nein", sagte ich. „Ich bin Hundesitter."

„Was für ein **süß**es Kostüm!", sagte Sarah.

Ich hatte einen kleinen schwarzen **Zylinderhut aus Papier gebastelt** und Benno auf den Kopf gesetzt. **Um den Hals** trug er eine Krawatte.

„**Darf ich vorstellen**, mein *Consigliere*", sagte ich mit **stark**em italienischem **Akzent**.

Sarah grinste und nahm die Schere. „Nein, **bitte nicht!**", sagte ich.

„Sorry", sagte sie und schnitt auch Bennos Krawatte ab.

Ich seufzte. Sarah gab Benno ein **Küsschen** auf den Kopf.

„**Und jetzt?**", fragte ich.

„Jetzt gehen wir **erst einmal etwas trinken**", sagte Pedro.

Wenig später standen wir vor einer Kneipe: ein Pirat, eine Katze, Don Corleone und sein Consigliere.

„**Es sieht voll aus**", sagte Sarah. „**Wartet einen**

Moment, ich suche einen Platz.“

Sarah öffnete die Tür zur Kneipe und ging hinein. Pedro, Benno und ich warteten draußen **in der Kälte**.

„Ist das eine **spezielle** Bar?“, fragte ich.

„Das ist eine **Kölschkneipe**“, sagte Pedro.

„Kölsch?“, sagte ich. „**Spricht man dort** nur Dialekt?“

Pedro lachte und sagte: „Nein! Nicht Kölsch, der Dialekt, **sondern Kölsch**, das **Bier!**“

„Ach so“, sagte ich. **Nach einer Weile** kam Sarah aus der Kneipe.

„Ich habe einen Platz gefunden, aber **wir dürfen** den Hund **nicht** mitnehmen“, sagte sie.

Wir schauten alle auf Benno den Bernhardiner. Aber er **ignorierte uns**. Er **leckte irgendetwas** auf dem **Boden**.

„Was hat er da gefunden?“, fragte Pedro.

„Benno, *vieni!*“, rief ich. Aber Benno kam nicht. Er leckte und leckte.

„Oh-oh“, sagte Sarah.

„Was?", sagte ich.

Sie bückte sich, nahm etwas vom Boden auf und sagte: „Das!"

Es war eine **Glasflasche**. Ich las das **Etikett**: „**Doppelkorn**, 38 **Prozent**?"

„Wie viel hat er **davon** getrunken?", fragte Sarah.

„**Keine Ahnung**", sagte ich.

„**Anscheinend** genug", sagte Pedro und zeigte auf Benno.

Der Bernhardiner lag **auf der Seite**. Seine Augen waren **geschlossen** und die **Zunge** hing aus seinem **Maul**.

~

Als wir ... erreichten: When we reached ... | **Treffpunkt**: meeting point | **bereits dunkel**: already dark | **als Pirat verkleidet**: dressed up as pirate | **Hut**: hat | **Augenklappe**: eyepatch | **Ist nicht meiner.**: It's not mine. | **Ich hoffe, ...**: I hope, ... | **billige Krawatte**: cheap tie | **grinste**: grinned | **antwortete nicht**: didn't answer | **begrüßte**: welcomed | **Katzenkostüm**: cat costume | **schnitt ... mit einer Schere ab**: cut off .. with scissors | **Was soll das?**: What's the big idea? | **Kölle Alaaf**: Cologne Carnival greeting | **küsste mich**: kissed me | **auf die Wange**: on the cheek | **starrte**: stared | **Stumpf**: stump | **lachten**: laughed | **erklärte**: explained | **abschneiden**: cut off | **Symbol der Macht**: symbol of power | **Ich dachte, du wusstest das.**: I thought, you knew that. | **bellte**: barked | **Tumult**: commotion | **vergessen**: forgotten | **süß**: sweet | **Zylinderhut**: top hat | **aus Papier**: from paper | **um den Hals**: around the neck | **gebastelt**: crafted | **Darf ich vorstellen, ...**: May I introduce ... | **stark**: strong | **Akzent**: accent | **bitte nicht!**: please don't! | **Küsschen**: little kiss | **Und jetzt?**: Now what? | **erst einmal**: first of all | **etwas trinken**: drink something | **ohne**: without | **Es sieht voll aus.**: It looks packed. | **Wartet einen Moment!**: Wait a moment! | **in der Kälte**: in the cold | **speziell**: special | **Kölschkneipe**: traditional Cologne pub | **Spricht man dort ... ?**: Do you speak ... there? | **sondern**: but | **Kölsch**: local specialty beer brewed in Cologne | **Bier**: beer | **nach einer Weile**: after a while | **wir dürfen nicht ...**: we're not allowed to ... | **ignorierte uns**: ignored us | **leckte**: licked |

irgendetwas: something | **Boden**: ground | **sie bückte sich**: she bent over | **Glasflasche**: glass bottle | **Etikett**: label | **Doppelkorn**: liquor made from fermented rye, barley or wheat | **Prozent**: percent | **davon**: of this | **Keine Ahnung.**: Haven't a clue. | **anscheinend**: apparently | **auf der Seite**: on the side | **geschlossen**: closed | **Zunge**: tongue | **Maul**: mouth (of an animal)

 **Übung**

1. Sarah schnitt Dinos Krawatte …

a) auf.

b) weg.

c) ab.

2. Warum schneiden die Frauen an Weiberfastnacht Krawatten ab?

a) als Symbol des Glücks

b) als Symbol der Macht

c) als Symbol der Religion

3. Welches Kostüm trägt Benno?

a) einen Zylinderhut und eine Krawatte

b) einen Strohhut und eine Krawatte

c) einen Zylinderhut und eine Fliege

4. Warum warten Dino, Pedro und Benno vor der Kneipe?

a) Die Kneipe ist voll.

b) Sie haben etwas vergessen.

c) Sie haben kein Geld.

5. In einer Kölschkneipe ...

a) spricht man nur Kölsch.

b) trinkt man Kölsch-Bier.

c) isst man Döner und Pizza.

6. Hunde sind in der Kneipe ...

a) erlaubt.

b) toleriert.

c) verboten.

7. Was ist das Problem mit Benno?

a) Er hat Schnaps getrunken

b) Er ist müde.

c) Er ist gestorben.

8. „Kölle Alaaf!"

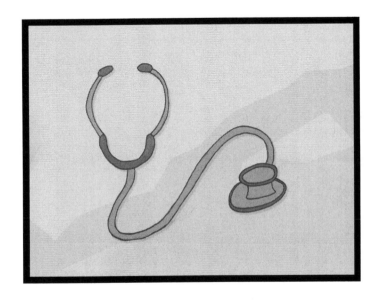

~

Ich habe den Rest der Nacht **beim Tierarzt** verbracht. Benno und ich sind mit einem Taxi zur **Praxis gefahren**. Pedro und Sarah haben mir **geholfen**, Benno in das Auto **zu heben**.

Der Taxifahrer war nicht **glücklich darüber**, einen **betrunken**en Hund **herumzufahren**, aber ich habe ihm zwanzig Euro **Trinkgeld** gegeben. Dann hat er mir geholfen, Benno in die Praxis zu **schleppen**.

Das **Wartezimmer** war leer. Nach einer Weile öffnete sich eine Tür. Eine junge Frau mit weißem **Kittel** erschien. Sie trug eine **rosa** Perücke und eine rote **Clownsnase**. Um den Hals trug sie ein **Stethoskop**.

„Sind Sie ... äh ... der Tierarzt?", fragte ich. **Ich wusste nicht**, **ob** die Frau ein **Arzt** in einem Clownskostüm oder ein Clown in einem Arztkostüm war.

„Tierärzt*in*", sagte sie und nickte. „**Wie kann ich Ihnen helfen?**"

„Mein Hund", sagte ich und zeigte auf Benno. Der Bernhardiner lag auf dem Boden und schnarchte. Er trug noch immer den Hut auf dem Kopf und den **Krawattenstumpf** um den Hals.

„**Was ist passiert?**", fragte die Tierärztin.

„Er ist betrunken", sagte ich.

Die Tierärztin lachte und sagte: *„Kölle Alaaf!"*

„Wie bitte?", fragte ich.

„Machen Sie sich keine Sorgen", sagte die Tierärztin. „Bernhardiner sind sehr robuste Tiere. **Morgen früh** ist **alles wieder gut.**"

„Aber er **bewegt sich nicht**", sagte ich.

„Ja", sagte die Tierärztin. „Er **schläft.**"

„Und was soll ich jetzt machen?", fragte ich.

„Abwarten und Tee trinken", sagte sie. „Oder **etwas Stärkeres.**"

„Aber der Hund ist sehr **schwer**", sagte ich. „Ich kann ihn nicht nach Hause **tragen!**"

„Sie können hier **warten**", sagte die Tierärztin und zeigte ins Wartezimmer. „Oder Sie können mit uns ein bisschen **feiern.**"

„Mit Ihnen?", fragte ich.

Die Tierärztin nickte. „Ja, wir haben **eigentlich Bereitschaftsdienst**, aber es ist Karneval!" Sie öffnete eine Tür zu einem **Nebenzimmer.** Auf einem Tisch standen **Bierflaschen** und **Schüsseln** mit Chips und **Salzstangen. Um** den Tisch **herum saßen** drei Männer und zwei Frauen in weißen

Kitteln. Sie schauten etwas im **Fernsehen** und lachten.

„Das sind meine Kollegen", erklärte die Tierärztin. „Möchten Sie ein Kölsch oder einen Schnaps?"

„Danke. Ein Kölsch", sagte ich.

Wir schauten eine **Sendung** mit vielen kostümierten Menschen. Es war eine **Karnevalssitzung**, erklärte mir einer der Ärzte. Die Leute **tanzten**, **sangen** und lachten. Ich habe nicht viel **verstanden**, wegen dem Dialekt. Aber nach ein paar Bier lachte ich **auch**.

Einige Stunden später war Benno wieder **nüchtern**. Aber jetzt war ich betrunken.

Die Ärzte **bestellten** uns ein Taxi und wir **fuhren** in der **Morgendämmerung** zurück in die Villa. Ich **schlief wie ein Murmeltier.**

~

beim Tierarzt: at the vet | **Praxis**: doctor's office | **gefahren**: driven/gone | **geholfen**: helped | **zu heben**: to lift | **glücklich darüber**: happy about | **betrunken**: drunk | **herumzufahren**: to drive around | **Trinkgeld**: tip | **schleppen**: to haul | **Kittel**: gown | **rosa**: pink | **Clownsnase**: clown nose | **Stethoskop**: stethoscope | **Ich wusste nicht, ob ...**: I didn't know if ... | **Arzt**: doctor | **Tierärztin**: vet (woman) | **Wie kann ich Ihnen helfen?**: How may I help you (formal)? | **Krawattenstumpf**: tie stump | **Was ist passiert?**: What happened? | **Machen Sie sich keine Sorgen**: Don't worry | **morgen früh**: tomorrow morning | **alles wieder gut**: everything well again | **bewegt sich nicht**: doesn't move | **schläft**: sleeps | **abwarten und Tee trinken**: wait and see | **etwas Stärkeres**: something stronger | **schwer**: heavy | **tragen**: carry | **warten**: wait | **feiern**: celebrate | **eigentlich**: actually | **Bereitschaftsdienst**: on-call duty | **Nebenzimmer**: adjacent room | **Bierflaschen**: beer bottles | **Schüsseln**: bowls | **Salzstangen**: pretzel sticks | **um ... herum**: around ... | **saßen**: sat | **Sendung**: broadcast | **Karnevalssitzung**: carnival session / meeting | **tanzten**: danced | **sangen**: sang | **verstanden**: understood | **auch**: as well | **einige**: some | **nüchtern**: sober | **bestellten**: ordered | **fuhren**: drove/went | **Morgendämmerung**: dawn | **schlief wie ein Murmeltier**: slept like a log (like a groundhog)

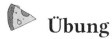 **Übung**

1. Wo ist Dino?

a) beim Hausarzt

b) beim Tierarzt

c) beim Hautarzt

2. Die Tierärztin trug ...

a) eine rosa Perücke und eine rote Clownsnase.

b) eine rote Perücke und eine rosa Clownsnase.

c) eine rote Perücke und eine rote Clownsnase.

3. Warum bewegt sich der Hund nicht?

a) Er ist tot.

b) Er schläft.

c) Er ist faul.

4. Die Ärzte schauten etwas ... Fernsehen.

a) im

b) um

c) am

5. In einer Karnevalssitzung ... die Menschen.

a) arbeiten, singen und lachen

b) tanzen, singen und lachen

c) tanzen, beten und lachen

6. Dino schlief wie ein ...

a) Muttertier.

b) Musketier.

c) Murmeltier.

9. Süßer Regen

~

Der Karneval in Köln ist ein großes Chaos. Die ganze Stadt **spielt verrückt**. Niemand arbeitet. Die Parks und Straßen sind **voll von** *Jecken* (**so nennt man** in Köln alle Leute, die am Karneval **teilnehmen**). Die Menschen trinken **zu viel** und schlafen **zu wenig**.

Nach drei Tagen Karneval habe ich einen **Kater so groß wie** der Kölner Dom.

„Am **Aschermittwoch** ist **alles vorbei.** Dann beginnt die traditionelle **Fastenzeit.** Aber für die meisten ist Karneval einfach eine große Party", sagte Sarah.

Wir waren **auf dem Weg** zum **Rosenmontagsumzug.** „Das ist der **Höhepunkt** des Kölner Karnevals", sagte Pedro.

Schon **von weitem** hörten wir den Lärm. Den Bernhardiner hatte ich **dieses Mal glücklicherweise zu Hause gelassen.**

Eine große **Menschenmasse** stand auf der Straße. **Geschmückte Wagen** mit riesigen **Pappmaché-Puppen** fuhren **langsam** durch die **Menge. Zwischen** den Wagen liefen **Marschkapellen, Tänzer** und **Reiter.**

„Die **Strecke** ist sechs Kilometer **lang**", sagte Sarah.

Jede **Gruppe** und jeder Wagen hatte seine eigene Musik: riesige **Lautsprecher** auf den Wagen **pump-**

ten Melodien in die **Luft**. **Musikanten marschier-
ten, spielten Flöte** und **schlugen** auf **Trommeln.**

Die Leute auf der Straße riefen immer wieder:
„*Kamelle!*"

„Was **schreien** die Menschen?", fragte ich Pedro.

„Was?", sagte Pedro und zeigte auf seine **Ohren.**
Es war zu **laut.**

„Ich verstehe nicht", rief ich. „Wo sind die **Kame-
le**?"

Pedro und Sarah antworteten nicht. Sie lachten
nur.

In dem Moment fuhr ein großer Wagen an uns
vorbei. Der Wagen **sah aus wie** ein riesiger **grüner
Drache**, komplett **mit blinkenden Augen** und
mechanischem **Schwanz.**

Auf dem **Rücken** des Drachen tanzte eine Gruppe
von **Vampire**n. Die Menschen auf der Straße schrien
wieder: „*Kamelle!*"

Und plötzlich **begann** es zu **regnen**. Aber es war
kein gewöhnlicher Regen. Nein! Es regnete
Bonbons, Kaugummis und **Lutscher.**

73

Es waren die Vampire! Sie **warfen** die **Süßigkeiten** von dem Wagen in die Menge. Ich öffnete meine Hände und **fing ein paar** Kaugummis.

„Das sind Kamelle", sagte Pedro.

„Ach so", sagte ich, und ein **Hagel** von Lutschern **landete** auf meinem Kopf. „**Autsch!**"

Kinder saßen **auf den Schultern** ihrer **Eltern** und **schnappten** die Kamelle aus der Luft.

Neben mir stand ein Mann mit einem **Regenschirm**. Er hielt den Regenschirm **umgekehrt** über dem Kopf und sammelte die Süßigkeiten **ohne großen Aufwand**.

Einige Leute **sprangen** in die Luft, andere **hoben** die Dinge von der Straße **auf**. Jeder hatte seine eigene Strategie, und jeder Wagen warf andere Kamelle. Es gab nicht nur Süßigkeiten, sondern auch **Blumen**, **Stofftiere** und **andere Dinge**.

Als der **Umzug** vorbei war, gingen Pedro, Sarah und ich in ein Café. Wir nahmen die Kamelle, **die wir gesammelt hatten** und **legten** sie auf den Tisch. Der **Berg** war **einen halben Meter hoch**.

~

spielt verrückt: goes crazy | **voll von**: full of | **so nennt man**: this is how you call | **teilnehmen**: participate | **zu viel**: too much | **zu wenig**: too little | **Kater**: hangover | **so groß wie**: as big as | **Aschermittwoch**: Ash Wednesday | **alles vorbei**: all over | **Fastenzeit**: fasting period | **auf dem Weg**: on the way | **Rosenmontagsumzug**: Shrove Monday procession | **Höhepunkt**: climax | **von weitem**: from afar | **dieses Mal**: this time | **glücklicherweise**: fortunately | **zu Hause gelassen**: left at home | **Menschenmasse**: crowd of people | **geschmückte**: decorated | **Wagen**: float | **Pappmaché-Puppen**: papier-mâché puppets | **langsam**: slowly | **Menge**: crowd | **zwischen**: between | **Marschkapellen**: marching bands | **Tänzer**: dancers | **Reiter**: riders | **Strecke**: route | **lang**: long | **Gruppe**: group | **Lautsprecher**: loudspeaker | **pumpten**: pumped | **Melodien**: melodies | **Luft**: air | **Musikanten**: musicians | **marschierten**: marched | **spielten Flöte**: played the flute | **schlugen**: beat | **Trommeln**: drums | **Kamelle**: candy thrown on carnival | **schreien**: scream | **Ohren**: ears | **laut**: loud | **Ich verstehe nicht.**: I don't understand. | **Kamele**: camels | **sah aus wie**: looked like | **grün**: green | **Drache**: dragon | **mit blinkenden Augen**: with blinking eyes | **mechanisch**: mechanical | **Schwanz**: tail | **Rücken**: back | **Vampire**: vampires | **begann**: began | **regnen**: rain | **kein gewöhnlicher Regen**: no usual rain | **Bonbons**: candies | **Kaugummis**: chewing gums | **Lutscher**: lollipops | **warfen**: threw | **Süßigkeiten**:

75

confectionery | **fing**: caught | **ein paar**: a few | **Hagel**: volley | **landete**: landed | **Autsch!**: Ouch! | **auf den Schultern**: on the shoulders | **Eltern**: parents | **schnappten**: snatched | **Regenschirm**: umbrella | **umgekehrt**: upside down | **ohne großen Aufwand**: without (any) great effort | **sprangen**: jumped | **hoben ... auf**: picked up ... | **Blumen**: flowers | **Stofftiere**: cuddly toys | **andere Dinge**: other things | **Umzug**: procession | **die wir gesammelt hatten**: which we had collected | **legten**: put | **Berg**: mountain | **einen halben Meter hoch**: half a meter high

 **Übung**

1. Ein *Jeck* ist jemand, ...

a) der am Karneval nicht teilnimmt.

b) der am Karneval viel arbeitet.

c) der am Karneval teilnimmt.

2. Warum hat Dino einen Kater?

a) Er hat zu viel geschlafen.

b) Er hat zu viel getrunken.

c) Er hat zu viel gegessen.

3. Wann ist der Höhepunkt des Kölner Karnevals?

a) an Aschermittwoch

b) an Weiberfastnacht

c) an Rosenmontag

4. Es regnete ...

a) Bonbons, Kaugummis und Lutscher.

b) Bonbons, Krawatten und Lutscher.

c) Bonbons, Kaugummis und Perücken.

5. Was macht der Mann mit dem Regenschirm?

a) Er sammelt Hagelkörner.

b) Er sammelt Kamelle.

c) Er sammelt Regenwasser.

10. Eine Sache von Leben und Tod

~

Ich lag im Bett, **als das Telefon klingelte**. „Hallo?", sagte ich. Es war Frau von Gantenberg. „Wir **kommen einen Tag früher zurück**", sagte sie. „Unser **Flugzeug** landet um elf Uhr. Ist das in Ordnung?"

„Oh ... okay", sagte ich. „Kein Problem!"

Ich **legte auf** und ging ins Wohnzimmer. Der Boden war **bedeckt mit Bonbonpapier**. Auf dem Wohnzimmertisch lagen leere Bierflaschen und Chipstüten. In der Küche standen **Stapel** von **schmutzigen Tellern**. Ich hatte **ungefähr** drei Stunden, **um** alles **aufzuräumen**.

Plötzlich erinnerte ich mich an die **ruiniert**en Krawatten von Herrn Gantenberg. **Was sollte ich tun?** Ich **könnte** sagen, Benno hat die Krawatten **gefressen**. Oder vielleicht **würde** er **nichts bemerken**? Nein! Ich brauchte zwei neue Krawatten, **und zwar schnell**.

Ich nahm das Telefon und **rief** Pedro **an**. „Ja?", sagte er.

„Sorry, **habe ich dich geweckt**?", sagte ich.

„Äh ... nein", sagte er und gähnte.

„Bist du im Hostel?", fragte ich.

„Nein, bei Sarah. **Wieso**?", sagte er.

„**Um so besser**", sagte ich. „Ich brauche eure **Hilfe**."

„Dino, es ist acht Uhr morgens!", sagte Pedro. „Hast du wieder Probleme mit dem Hund?"

„Nein, nein. Ich brauche Hilfe beim **Putzen**. Und zwei neue Krawatten", sagte ich.

„**Tut mir leid**", sagte Pedro. „Sarah und ich haben einen Kater und **Bauchschmerzen** von den Kamelle."

„Ich gebe euch vierhundert Euro", sagte ich.

„Was?", sagte Pedro. Er war nun **völlig wach**. „**Im Ernst?**"

„Ja", sagte ich. „Es ist **eine Sache von Leben und Tod**. Kommt schnell!"

Wenig später standen Pedro und Sarah vor der Haustür. Ich gab ihnen **Eimer**, **Handschuhe**, **Lappen** und **Bürsten**. Wir **machten** das Radio **an** und **wischten** und **schrubbten wie verrückt**.

Als wir fast fertig waren, fragte ich Pedro: „Hast du die Krawatten?"

„**Klar**", sagte er. „Hier, schau!"

Er nahm eine kleine **Schachtel** aus der **Hosenta-sche**. „**Bitte schön**, zwei italienische Designer-Krawatten", sagte er.

„Wow", sagte ich. „**Was hast du bezahlt?**"

„Fünf Euro **pro Stück**", sagte Pedro.

„**Bist du sicher, dass** die echt sind?", fragte ich.

„Ich bin mir ziemlich sicher, dass sie *nicht* echt sind", sagte Pedro und lachte. „Ich habe sie bei einem **polnischen Straßenhändler** gekauft."

„Na gut", sagte ich. „**Besser als nichts.**"

Ich nahm die Krawatten und legte sie zurück in den Schrank. Als ich wieder ins Wohnzimmer kam, standen Pedro und Sarah neben drei großen schwarzen **Müllsäcke**n.

„Sind wir fertig?", fragte ich.

Pedro und Sarah nickten. Ich schaute auf die Uhr. Es war **Viertel nach** drei.

„Danke für eure Hilfe", sagte ich. „Die Gantenbergs können jetzt **jeden Augenblick** kommen."

„Hast du nicht etwas vergessen?", fragte Pedro.

„Ach so, klar", sagte ich und gab **den beiden jeweils** zweihundert Euro. Jetzt war mein Portemonnaie wieder leer.

Plötzlich klingelte es an der Tür.

„**Verdammt!**", rief ich. „Schnell, nehmt die Müll-säcke und **verschwindet** durch den **Hinteraus-gang!**"

Pedro und Sarah **packten** die Säcke. Es klingelte ein zweites Mal.

Ich öffnete die Tür. Frau von Gantenberg lächelte und sagte: „*Ciao!* Unser Flugzeug hatte **Rücken-wind.**"

Benno kam wedelnd in den Flur. Frau von Gantenberg küsste den Hund auf den Kopf. „Ich hoffe, er hat Ihnen **keine Schwierigkeiten gemacht?**", sagte sie.

Ich schüttelte den Kopf und lächelte. Nach einer Pause fragte ich: „Und ihr **Ehemann**, ist er nicht hier?"

„Nein, nein, er hat ein **Treffen** mit einem **Geschäftspartner**", sagte sie. „Apropos **Geschäft**, ihr Honorar!"

Zwanzig Minuten später stand ich auf der Straße mit fünfhundert Euro in meiner Hosentasche. Der

Karneval war vorbei und es war **Zeit für etwas Neues**. Für was? Ich hatte keine Ahnung. Aber **wie sagt man** auf Kölsch? „**Et kütt wie et kütt.**"

~

als das Telefon klingelte: when the telephone rang | **einen Tag früher**: one day earlier | **kommen ... zurück**: come back ... | **Flugzeug**: airplane | **in Ordnung**: all right | **legte auf**: hung up | **bedeckt mit**: covered with | **Bonbonpapier**: candy wrapper | **Stapel**: stacks | **schmutzig**: dirty | **Teller**: plates | **ungefähr**: approximately | **um aufzuräumen**: in order to clean up | **Plötzlich erinnerte ich mich an ...**: Suddenly I remembered ... | **ruiniert**: ruined | **Was sollte ich tun?**: What should I do? | **könnte**: could | **gefressen**: eaten [animal] | **würde nichts bemerken**: wouldn't notice anything | **..., und zwar schnell.**: ..., and fast. | **rief ... an**: called ... [telephone] | **Habe ich dich geweckt?**: Did I wake you? | **Wieso?**: Why? | **um so besser**: so much the better | **Hilfe**: helped | **Putzen**: cleaning | **Tut mir leid**: Sorry. | **Bauchschmerzen**: stomach aches | **völlig wach**: fully awake | **Im Ernst?**: Are you serious? | **eine Sache von Leben und Tod**: a matter of life and death | **Eimer**: buckets | **Handschuhe**: gloves | **Lappen**: rags | **Bürsten**: brushes | **machten ... an**: turned on ... | **wischten**: wiped | **schrubbten**: scrubbed | **wie verrückt**: like crazy | **Klar!**: Sure! | **Schachtel**: box | **Hosentasche**: pocket | **Bitte schön!**: Here you go! | **Was hast du bezahlt?**: What did you pay? | **pro Stück**: each | **Bist du sicher, dass ...?**: Are you sure that ... ? | **polnisch**: Polish | **Straßenhändler**: hawker | **besser als nichts**: better than nothing | **Müllsäcke**: trash bags | **Viertel nach**: quarter past | **jeden Augenblick**: any minute now | **jeweils**: each | **den beiden**: the two of them |

Verdammt!: Damn! | **nehmt**: take | **verschwindet**: disappear | **Hinterausgang**: back exit | **packten**: grabbed | **Rückenwind**: tailwind | **keine Schwierigkeiten gemacht**: made no difficulties | **Ehemann**: husband | **Treffen**: meeting | **Geschäftspartner**: business partner | **Geschäft**: business | **Zeit für**: time for | **etwas Neues**: something new | **Wie sagt man … ?**: How do you say …? | **auf Kölsch**: in Colognian dialect | **Et kütt wie et kütt.**: What will be, will be.

 **Übung**

1. Was sagt Frau von Gantenberg am Telefon?

a) Sie kommen einen Tag später zurück.

b) Sie kommen zwei Tage später zurück.

c) Sie kommen einen Tag früher zurück.

2. Wie viel Zeit hat Dino zum Aufräumen?

a) zwei Stunden

b) drei Stunden

c) vier Stunden

3. Wen ruft Dino an?

a) Pedro

b) den Hostelbesitzer

c) Sarah

4. Dino braucht Hilfe beim ...

a) Lesen.

b) Putzen.

c) Schreiben.

5. Wo hat Pedro die Krawatten gekauft?

a) bei einem italienischen Straßenhändler

b) bei einem polnischen Straßenhändler

c) in einer italienischen Boutique

6. Was bedeutet „Et kütt wie et kütt"?

a) Es küsst, wie es küsst.

b) Es guckt, wie es guckt.

c) Es kommt, wie es kommt.

Answer Key / Lösungen

1. a, c, b, a, c
2. a, c, c, a, c, a, a
3. b, a, c, a, c, a
4. b, a, b, a, c
5. c, a, c, b, a, a
6. b, b, c, b, c
7. c, b, a, a, b, c, a
8. b, a, b, a, b, c
9. c, b, c, a, b
10. c, b, a, b, b, c

About the Author

 **André Klein** was born in Germany, has grown up and lived in many different places including Thailand, Sweden and Israel. He is the author of various short stories, picture books and non-fiction works in English and German.

Website: andreklein.net

Twitter: twitter.com/barrencode

Blog: learnoutlive.com/blog

Acknowledgements

Special thanks to Steve Carlson, Heather Christer, Stephen Baker, Edgardo Menvielle, Albert Klein, Paul Richmond and Eti Shani.

———

This book is an independent production. Did you find any typos or broken links? Send an email to the author at andre@learnoutlive.com and if your suggestion makes it into the next edition, your name will be mentioned here.

———

Get Free News & Updates

Go to the address below and sign up for free to receive irregular updates about new German related ebooks, free promotions and more:

www.learnoutlive.com/german-newsletter

You Might Also Like ...

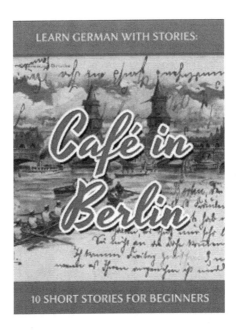

Newly arrived in Berlin, a young man from Sicily is thrown headlong into an unfamiliar urban lifestyle of unkempt bachelor pads, evanescent romances and cosmopolitan encounters of the strangest kind. How does he manage the new language? Will he find work?

available as paperback and ebook

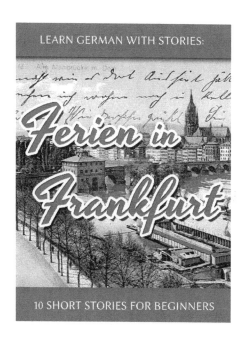

In this sequel to "Café in Berlin", Dino makes his way towards the central German metropolis of Frankfurt am Main, caught in between quaint cider-pubs, the international banking elite, old acquaintances and the eternal question what to do with his life.

available as paperback and ebook

GENOWRIN

AN INTERACTIVE ADVENTURE
FOR GERMAN LEARNERS

LEARNING GERMAN THROUGH STORYTELLING

This interactive adventure book for German learners puts you, the reader, at the heart of the action. Boost your grammar by engaging in sword fights, improve your conversation skills by interacting with interesting people and enhance your vocabulary while exploring forests and dungeons.

available as paperback and ebook

Fred Der Fisch

A picture book for the young and young at heart about an unusual friendship between two pets.

available as paperback and ebook

Bert Das Buch

Help Bert unravel the mystery of the book-threatening "reading machine". What does it want? Where does it come from? And will he be able to protect his leather-bound friends from its hungry jaws?

available as paperback and ebook